Hendrik Rost
Licht für andere Augen

Hendrik Rost

Licht für andere Augen

Gedichte

Wallstein Verlag

Ich danke Mirko Bonné herzlich für seine Anmerkungen zu vielen dieser Gedichte. Ein Wort hin, zwei Wörter her – viel mehr ist es oft nicht, aber das ist die Kunst. Jamas!

Bibliografische Information der Deutschen Nationalbibliothek
Die Deutsche Nationalbibliothek verzeichnet diese Publikation in der Deutschen Nationalbibliografie; detaillierte bibliografische Daten sind im Internet über http://dnb.d-nb.de abrufbar.

© Wallstein Verlag, Göttingen 2013
www.wallstein-verlag.de
Vom Verlag gesetzt aus der Stempel Garamond
Umschlaggestaltung: Susanne Gerhards, Düsseldorf
unter Verwendung der Fotografie *Ice in Water*
© Taro Yamada / Fancy / Veer / Corbis
Druck und Verarbeitung: Hubert & Co, Göttingen
ISBN 978-3-8353-1017-9

I. Mischtechnik

Und Maus

Seit wir eine unsichtbare Katze
haben, ist nichts mehr, wie es war.
Wie war es denn noch mal, fragst
du, und ich erzähle dir von Sehnsucht
nach Verschwinden, dass vieles
von dem, was wir getan haben,
nichts war als Locken und Sträuben.

Ich liebe diese Kreatur. Sie schleicht
noch katzenartiger durch die Räume,
verrät sich durch nichts als ein
lautloses Schnurren. Ich streichle
fast das Fell, das sich auflädt,
elektrisch, wenn sie mich belohnt
mit Gegenwart auf dem Schoß.

Sie ist nur so ein Ball aus Energie,
vier Pfoten, die durch Zimmer
gleiten wie ein Luftkissenboot,
von dir zu mir und an ihren liebsten
Platz, den wir noch nicht kennen.
Seit sie bei uns ist, bemerke ich
immer öfter meine eigenen
Augen. Und ich sehe dich.

Aus dem Entwurf zu einer Rede

für Francis Mesenhöller

Das wundervolle Wort Wombat zum Beispiel
und der Name des Astrophysikers Hawking
beschreiben dasselbe Phänomen: Alles redet
mit dir auf seine ganz eigene Art. Unser Bild
vom Universum setzt sich zusammen aus
zahllosen Aufnahmen – nicht mehr wie früher:
ein einsam durchs Teleskop spähendes Auge.
Was wir heute sagen, wird jetzt und später
unser Leben und das unserer Kinder prägen.
Ich zum Beispiel. Ich bestehe aus Begriffen,
die einzeln gar keinen Sinn ergeben würden:
glatte ergrauende Haare, Nase, Ohrmuscheln.
Hunderttausende Erfahrungen dauerte es,
bis ich beide Knie unter Kontrolle hatte.
Jetzt stehe ich da und bewege mich fort
von einem Wort zum anderen. Der Name
Wombat etwa stammt aus der so gut wie
ausgestorbenen Sprache der Ureinwohner
Sydneys, als es Sydney noch gar nicht gab.
Und wenn in dem Puzzle, das wir Leben
nennen und feiern, wie es fällt, plötzlich das
Beuteltier und der Kosmologe im Rollstuhl
nebeneinanderliegen, dann ist das unsere Art,
alles zu wissen und keine Ahnung zu haben.

Wohnungsbesichtigung

Da steht ein gemachtes Bett
in einem raumgewordenen
schlechten Traum.
Um die Lichtschalter eine Korona
schwarzer Abdrücke.
Im Hof rostet ein Trampolin,
auf dem unendlich langsam
der März springt.
Im Wohnzimmer richtet der Bildschirm
alles in Feldlinien um sich aus.
Eine Spinne fixiert mich
aus staubigem Netz –
du kommst nicht in Frage.
Überall drängeln Gesichter
an den Museumsstücken vorbei.
So haben wir gelebt:
Ohne Titel, Mischtechnik.

Mannigfaltigkeit

Was ich über den Urknall weiß,
ist, dass er mit einem Schrei anfing.
Und der Schrei war ein Atemzug,
um den Schleim loszuwerden,
und der Schleim eine Erinnerung
an die Stille vor dem Knall,
die so still war, dass alles und
jeder in ihr schon enthalten war.
Jener Moment, in dem Materie
erwacht und markerschütternd
brüllt: Jetzt bin ich dran.
Und dann dauert es eine Ewigkeit,
bis alles Ding geworden ist und
einen Namen bekommen hat.
Das ist Auswurf und das bist du.

Stillleben

für D. G.

Wenn nachmittags immer noch
nicht viel geschehen ist, wird es Zeit,
sich zu verabschieden von der
Vorstellung, dass Dinge sich ändern.
So ist es nicht. Kein Samurai fordert
auf zum Kampf, kein Postbote
bringt bedeutende Briefe, die Kunde.
Die Linde vorm Haus hat im März
noch nie Blätter gehabt. Schwere Beben –
nicht zu erwarten. In solchen Stillleben
ist der Betrachter selbst Motiv.
Die Hand, die ein Schwert tragen
könnte, um Firnis zu zerschneiden,
rührt mit dem Stift in Gedanken.
Wir handeln ohnehin wie Götter.
Warum nicht gut darin werden?
Was nicht im Bild ist, sind Kreaturen.

Evolution I

Wenn man bereit
ist, auch nur für eine
Sekunde zu staunen, bleibt
zuletzt nur die Kinderfrage warum.
Und weil alles so ist, wie es war und
wird, sind selbst all die Leichen im Keller
einen freundlichen Gedanken wert vorm Schlafen.
Du trägst ihn über Nacht auf deiner Stirn.
Am Morgen versteinert zu einer
Pfeilspitze aus der Zeit vor
der Zeit, als ein Jäger
auf Beute zielte
und dich traf.

Regelpoetik

Das nächste Gedicht ist ein Phantom. Es spukt so hin
und wieder. Das Phantom weiß, dass wir mit dreißig
aufhören, uns geistig zu entwickeln. Es sucht Leute,
die anpacken können und nicht ihre Wunden lecken.
Wenn das Phantom gewollt hätte, dass das Gedicht
anders ist, hätte es es anders gemacht. Das nächste
Gedicht tritt in den Schatten und wartet ab. Das Phantom
muss eine Wirkung haben, die sich der Alltagssprache
entzieht – es sollte gleichzeitig Vergnügen bereiten
und Nutzen haben. Es kennt Horaz und redet in Rätseln.
Und falls es ausbleibt: nicht persönlich nehmen.
Die Menge an Einsendungen erlaubt es nicht,
auf jede einzugehen. Das Phantom ist okkultes Blut
im nächsten Gedicht. Es schont dich, bis du die Wahrheit
verkraften kannst. Das Gedicht wird automatisch erstellt
und trägt keinen Absender. Du wirst von ihm hören.

Occupy

Ich wollte meine Kreditkarte
kündigen, einen Scheck einreichen
und Bargeld abheben.
Der Mann am Schalter addierte die Beträge
auf einem Zettel
und verrechnete sich.
Ich habs nicht so mit Zahlen,
sagte er entschuldigend.
Aber Geld regiert die Welt.

160 Stunden im Monat vorm Computer
ergeben ein dreistelliges Gehalt,
7 Prozent Arbeitslosigkeit
übersteigen den Verstand
und werden Millionenprogramm.
Schicksale sind Zahlen.

Nach einigen Tagen
kam ein Brief von der Bank.
Wir danken für das Vertrauen
und schicken Ihnen gegen Gebühr
die bestellte Kreditkarte.
Und wer regiert das Geld?

In Weiß

Das Letzte, was loslässt
in der Narkose, ist die Hand,
die weiß, da war
doch jemand.

Die Beatmungsmaschine pfeift
und der Arzt redet von
Todesarten. Das Kind
schläft

den schmerzlosen Kampf
mit unruhigen Augen.
Zwei, drei Zweifel gehen vorbei.
Sie sagen: Fast.

Plötzlich erwacht, will das
Kind sofort malen. Mit ein paar
Stiften krakelt es Gott
in allen Lieblingsfarben.

Nemo

Der Vater meiner Frau hängt auf Familienfotos
an einem Schlauch. Der reine Sauerstoff

stillt seinen Hunger nach Leben. Er war Taucher
während des Aufstiegs in grauen Büros

bei der ewigen Arbeit an väterlicher Anerkennung.
Sein Körper stieß die entzündete Lunge ab,

bis er keine Luft mehr hatte, Trost zu spenden
oder Verzeihung zu sagen. Ich sehe ihn vor mir,

auf dem Trockenen, erstickt an Pflichten. Ich würde
in den Armen seiner Tochter für ihn ertrinken.

Kontrastprogramm

Vergiss die Kameras. Stell dir
das Leben vor als Mormone,
Materialist oder mit Examen
in Quantenphysik. Erkläre
in eigenen Worten die Wölbung
des Regenbogens. Schreibe
eine Presseerklärung über
opponierende Daumen. Verbinde
die Pickel in jemands Gesicht
zu einer Konstellation. Kündige
dem Klub der halbherzigen
Außenseiter. Sag nein zu
Mimikry. Verlass die Sinne.

Letztes Protokoll

Und das soll ich sein?
Der Atem wird flacher,
gefasst liege ich da, aber
habe ich auch den Herd
ausgeschaltet? Ich fand
mich nie ansehnlich, andere
sagten mir, was ich tun soll,
nur keiner besonders genau.
Sehvermögen wird schlechter.
Ich hab fast alles geschluckt,
Krisen, Steuern, so viele,
viele Fehler. Es tut gut,
mich so zu sehen – ist das
ein Lächeln? Ich würde ja
lachen, wenn ich könnte.
Meine Familie entgleitet,
es ist nicht eure Schuld,
es ist nicht meine. Namen
entfallen. Was übrigbleibt,
könnte Liebe sein. Ich selbst,
ich bleib nicht mehr lange.
Sehen kann ich nichts mehr.
Ein allerletztes Geheimnis
verrate ich: Zukunft ist friedlich
dazuliegen. Heimat: jede
Menge Fehler zu vergeben.
Meine Extremitäten,
die schenke ich der Erde.
Das Herz steht ganz still.
Ich vermach es dem Feuer.

So wie alles, was ich hatte,
Geld, Geist und Besitztümer,
längst andern auf der Seele
brennt. Ich bin erloschen.
Mein Hirn fällt auseinander.
Immerhin weiß ich nun eins:
Alles ist eine Entscheidung,
entweder Furcht oder Freude.
Lasst euch nicht beirren.
Natürlich ist der Herd aus.
Wer würde sonst sterben.

Die Entstehung der Lesarten

Schlägst du ein Buch auf, sammeln sich
seltene Intelligenzen auf der Seite.
Klein wie Insekten.
Sie stehen da, weder schlau noch dumm.
Alles, was wir aus Büchern gelernt haben,
ist eine Sache des Schwarms,
der sich löst und neu formiert auf der folgenden Seite.
Er regt sich nicht auf.
Lange waren Bücher Dekoration in Läden
und Wohnzimmern. Oder Laub.
Neuerscheinungen im Herbst. Im Frühjahr.
Hast du je eins kapiert?
Jetzt wissen wir, sie sind Lebensraum.
Was sich so verkörpern lässt.
Das Werk lebt. Es verschlingt Aufmerksamkeit.

Platzverweis

Manchmal ist die Traurigkeit eines Stuhls
nicht die Traurigkeit, die der Stuhl
ausstrahlt, sondern die
derjenigen, die auf ihm gesessen haben
vor Tagen, Jahren oder länger.

Ich sitze auf diesem Stuhl und nehme teil,
nur indem ich dasitze
und spüre,

dass es der Traurigkeit egal ist,
wer in diesem Stuhl sitzt,
und dass es dem Stuhl guttut,

einfach nur eine Sitzgelegenheit zu sein,
bis ein anderer Platz nimmt.

Resonanz

nach Henrik Nordbrandt

Stimmen und Dinge bewegen sich
aufeinander zu und voneinander weg,
ohne Zweifel ergibt sich eins aus dem anderen.

Die Dinge kommen zurück als Echo
der Stimme, die fragt, was ist.
Das lässt sich nicht ändern.

Schwer zu trennen, so wie die Dinge
liegen, was Stimme ist, was Tisch, Landschaft
oder Stillschweigen.

Das eine wird dahingesagt, das andere
kommt zur Welt. Da steht es
bei Wind und Wetter und zerfällt.

Dementia poetica

Erst in diesem Wagnis spielst du gültig mit

Früher hießen alle berühmten Männer Wolfgang,
heute wird er von seinen Sinnen losgeschickt
bis weit hinaus über den Verstand.
Am Morgen redet er von Rauch,
abends von Feuer oder umgekehrt.

Zwischen zwei Atemzügen wirft das Jahr
seine Vögel – wenn ich gewusst hätte,
wie es wirklich läuft im Leben, sagt er
in einem klaren Moment, ich hätte
keine Pläne gemacht. Nichts zurückgelegt.

Den Kindern sagt er, hört auf zu lernen,
tiefer geht es nicht als bis zum Grund.
Und vergesst die Paradiese.
Ein Wind weht von dorther. Die Luft
an diesen Tagen, sie ist voller Abschiedsküsse.

Zufallshaiku

Gott ist transparent
Beispiele beweisen nichts
Demut und Kampfgeist

II. Die Klassiker sind aus

Lübecker Bucht

Als wir aus dem Windschatten der Hotels
am Strand kommen, ist es zehn Grad kälter.
Die See, absolut spiegelglatt. Eine Postkarte.

Am Wasser liegen Seegras und Blasentang.
Ich scharre mit den Füßen darin herum.
Warum? Ich komme mir vor wie jemand,

der in fremden Schubladen wühlt. Ich finde
einen Bernstein und lasse ihn liegen –
ich suche nach etwas Neuem, das erst noch

versteinern oder verhärten muss. Schließlich
kommen wir an den Hafen. Letzte Boote liegen
im Wasser vor der Winterpause. Eine kindliche

Energie bewahrt sie vor dem Sinken: Naturgesetze.
Wir gehen zurück, Köpfe in Mützen wie Schätze.

Familientreffen

Da sitzen die Gäste an langen Tischen
und wissen mehr über andere
als über sich selbst.

Die Dicken nötigen die Dürren
und sagen, dass man schon
wieder was essen mag.

Über die Verstorbenen heißt es,
schade, dass sie heute nicht
dabei sein können.

Aber das stimmt nicht, wenn wir
fröhlich sind und künstlich lachen,
wollen wir Geister vertreiben.

Geister, von denen keiner weiß,
sind sie gut oder böse. Sie werden uns
einst identifizieren müssen.

Symptome

*Ein feines Geräusch geht
durch das Universum,
es ist meine Liebe zu dir.*
Nicolas Born

Mit dem Leben kam die
Erinnerung wie ein Husten,
die Hand vorm Mund ist
eine ständige Liebkosung.
Trance bei der Tagesschau,
wenn Welt uns voneinander
abhält. War ich lange weg?

Der Nachbar muss auf den
Balkon zum Glimmen – Rauch
zieht zu uns, markierter Atem.
Das Leben ist eine einzige
Diagnose. Sie haben die
Freiheit, immer wieder an
der falschen Stelle zu lachen.

Anekdote

Celan besucht Heidegger auf seiner Hütte
Die beiden machen eine Wanderung und es
entbrennt ein Wettbewerb: Wer bestimmt
die meisten Pflanzen am Wegesrand.

Heidegger ist gut, der Dichter aber unschlagbar.
Er kennt Wundrose. Leberblume. Lauch.
Der Blick reicht weit nach Westen von oben.
Bis nach Brest können sie sehen. Der Dichter

kennt Mohn und Tausendgüldenkraut-Sternchen.
Sein Wissen ist so gut und geschunden,
er muss gewinnen. Heidegger lächelt sich
in eine Niederlage, von der er sich bis heute

nicht erholt hat. Celan blickt den Denker an,
dessen Bart er nicht deuten kann. Er geht
noch tiefer in Blütenträume und Gedächtnis,
die ihn verrückt werden lassen, sie zwingen ihn,

mit dem Messer auf seinen Nachwuchs loszugehen.
Aus dem Tal hört man derweil das liebe Seelchen
nach dem Ehebrecher rufen: Denk mal nach,
was Worte zu hohlen und leeren Gewächsen macht.

Pariser Levitation

Wir haben ein Zimmer mit Blick
auf die Sorbonne. Kaum schaffen
wir es an den Touristen vorbei
ganz bis an die Sehenswürdigkeiten
heran. Darum sehen wir uns
die Touristen an. Irgendwann
kommt die blaue Stunde, blau,
wie wenn Erkenntnis verschwimmt.

Die Liebe in teuren Hotelzimmern
ist ein Gefühl aus Filmen, die alle
anderen auch gesehen haben.
Die Klassiker sind aus, sagt der
Zimmerservice. Wir nehmen ein
Fläschchen Intuition. Dann schaffen
wir es: Wir stehen auf dem Eiffelturm.
Deshalb sehen wir den Eiffelturm nicht.

Krawall

Hunderte Krähen in den Bäumen vorm Haus,
die rufen und andere Krähen suchen,
was sie sagen, ist kaum zu ertragen –
an jedem Morgen der Ruf nach Bestätigung
aus zahllosen Schnäbeln, ein heiseres Bitten
ums Ebenbild. An Ausschlafen ist kaum zu denken
nah dieser Bäume mit ihren dunklen Früchten,
die jeden Tag wie reifes Obst
früh aus den Ästen stürzen
auf ein geheimes Signal
und abends wiederkehren für lautstarkes Ruhen.
Das ganze Wäldchen vibriert
von diesem Willen,
der auf tausend Schwingen ums Haus schwirrt.
Und wenn wir anfangen zu begreifen,
was uns wirklich bedroht,
fällt Stille ein für die Nacht.
Und es könnte sein, dass die Ruhe
noch mehr irritiert als der Schwarm identischer Stimmen.
Wir sind da, krah, krah, wir sind da.

Sterbebegleitung

Der Zug fährt ab.
Du klopfst gegen die Scheibe,
willst noch etwas sagen.
Aber er hört dich nicht.
Du rennst neben dem Zug her,
der drinnen,
sieht nur, dass du etwas
auf dem Herzen hast.
Was soll er machen?
Schließlich musst du stehenbleiben,
atemlos winken.
Es ist nicht deine Reise.

Du hast die Haare schön

Irgendwann ist alles vergessen.
Die Freundschaft zum Beispiel
versiegt allmählich,
erst nächtelange Gespräche, dann Briefe
und später ein Geburtstagsgruß
vielleicht mit ausgelesenem Buch.
Die Meinungen gehen auseinander.
Zuerst ist es ganz wichtig,
dass nichts wirklich zählt,
dann gibt es plötzlich Wichtigeres,
als die Autoren, die wir gemeinsam
missverstanden haben. Einer meint,
Sinn verschiebt sich,
der andere verschiebt den Sinn.
Bücher lassen sich alphabetisch ordnen
im Regal, nach Farben von
Rot nach Blau, oder thematisch.
Große Werke, kleine Werke. Werke.

Während der Fahrt nicht
mit dem Fahrer sprechen

Der Bus fährt über Land an Feldern vorbei,
aus dem Gras neben der Straße steigt ein Fasan auf
und fliegt flach von unten gegen den Bus,
der schwankend aus der Spur gerät. Ein dumpfer
Schlag geht hart durch das Fahrzeug.
Der kann nicht allein von dem Fasan kommen,
das ganze Leben schlägt auf.
                                        Ein dicker Mann
in der ersten Reihe, der seinen Bauch wie ein Paket
auf dem Schoß mit sich schleppt, sagt:
Der ist tot.

Nachts träume ich, wie das Tier gegen das Blech flattert.
Vom Aufprall wache ich schweißnass auf.
Der dicke Mann trägt in dem Paket
                                        eine Trauer,
von der er nicht weiß, wohin damit.

Lass ab von Eitelkeit

Du hast die Seele eines Kriegers,
aber den Körper eines Beamten.
Und wenn es Zeit ist zu kämpfen,
gehst du leise in die Küche,
setzt dich an den Tisch
und tust nichts.
Das sind deine Waffen,
die Zunge, zehn Finger,
Papierschiffchen faltend,
und zwei kurzsichtige Augen.
Drei, vier Gedichte auf dem Höhepunkt
der Krise. Es herrscht Krieg
für Krieger da draußen,
geführt von Dienern.
Zuerst Lebensunterhalt,
dann Verluste, später
Scham, Sucht, Eitelkeit.
Und falls du doch eines Tages
die Seele entdeckst, wird klar,
gekämpft hättest du ohnehin nie.
Nicht so, nicht dafür.
Es gibt keine äußeren Feinde.

Gabe

Was aus Vater und Mutter wird,
wenn Kinder
nicht in der Nähe sind.
Sie nehmen 30 Kilo zu,
Haare fallen aus.
Sie werden genötigt
auf der Autobahn.
Der Garten als Rettung.
Kinder vergessen die Erziehung
nie. Unmöglich,
nicht in Eltern zu denken.

Der Antipianist

Ich habe einen Raum in Erinnerung,
auf dessen Tür »Krieg« steht.
Leg ich das Ohr ans Holz und lausche,
höre ich Musik, Klavierspiel,
jemanden, den jeder Ton schmerzt,
aber der den Kopf noch voll hat
von Klängen – die müssen nur
zurück in die juckenden Finger.
Der Flügel meiner Großmutter
blieb auf der Flucht zurück,
sie trug ihn einen Winter lang
mit immer ungelenkeren Händen
zu Fuß im Kopf mit sich herum
und spielte nie wieder im Leben.
Aber sie erzählte vom Krieg,
in dem sie die Musik verlor
an feindliche Banausen. Der Spieler
übt und übt, aber altert wie ich.
Es hält sich die Waage: schleppend
besser werden, langsam enden.

Sonntags auf St. Pauli

Seid froh, dass es Gott gibt,
sagt die Vierjährige,
weil der auf die verlorenen
Kinder aufpasst.

Im Frühjahr sehen wir einen Buchfinken,
aus dem Nest gefallen.
Kindlicher Rebell, zerzaust,
mit Glubschaugen, die um Hilfe betteln.

Was wird daraus?, fragt die Kleine.
Wir gehen weiter.
Nach ein paar Schritten zupft sie an meiner Hand.
Ich weiß, sagt sie: Das wird ein großer Vogel.

Orientexpress

Die Bahn ist nicht mehr, was
sie mal war, sagt eine Frau
mit blutigem Buch neben mir.
Der Zug steht auf freier
Strecke. Auf dem Feld gleitet
der Raddampfer Mähdrescher
vorbei, während Passagiere
nervös in Büchern leiden.

Telefone klingeln, einer weiß,
ein Mädchen wurde überrollt.
Schlimm, sagt die Frau mit
dem Blutbuch. Auf dem Einband
lese ich: forensische Details,
packend und kalte Schauer.
Ein Wort ergibt das andere.
Mädchen wirft mich aus der Bahn.

Reflex

Weil Gott gesucht wird, haben wir Verlorene.
Der eine findet Glück in Überstunden,
der andere mit Sprenggürtel. Einer schaut nach
oben und sieht bloß leere Himmel.

Vielleicht hätte er woanders hinsehen sollen.
Augen zu und durch. Manche fürchten
dies ewige Geplapper der Gedanken,
die sagen: Das kann alles nicht wahr sein.

Manchmal trage ich Kontaktlinsen und
erwische mich dabei, wie ich die Brille
zurechtrücken will. Ein Griff ins Leere
und im Übersprung reibe ich mir die Nase.

Einatmen, ausatmen. Noch Beweise?

Wasserjungfer

Jeden Tag bin ich viele Stunden wach
und habe währenddessen vielleicht
zehn oder zwölf freundliche Gedanken.
Der Rest ist Urteil und Kritik.

Einmal sah ich eine Libelle schlüpfen
daheim am Teich, aber ihr Nacken war
kaputt, bloß ein hauchdünner Faden
zwischen Schönheit und Verstand.

Später kam ein Fink und pickte sie
vom Halm. Das waren ihre Stunden.
Die Aufmerksamkeit ist dieser Vogel.
Zu denken: »Insekt« – dauert Sekunden.

Arktischer Park

Wenn Leben seine Liebe zeigt,
ist das oft hart. Du gleitest aus
im Schnee und schlägst voll
auf. Spürst du den Boden
oder Scham? Sieh, Risse
im Pflaster, Gelbes im Schnee.
Phänomenal, so ein Winter.
So hast du es noch nie gesehen,
andere schon. Was du erlebst,
das bleibt unter euch Liebenden.

Das Leben geht weiter mit dir,
auf dem Kanal treibt Eis und
du siehst die Schollen alle
in derselben Strömung, jede
für sich bewegt. Eine rotiert,
zwei kollidieren. Hast du je
fest im Leben gestanden? Es ist
glatt und es kann sich jederzeit
ändern, wer liebt und wer
lebt. Du hauchst in die Hände.

MS Europa

Ich würde auf Kreuzfahrt
mit dir gehen, aber wir
sind längst am Driften.
Wenn du nur ein bisschen
zurückgehst auf dem Weg,
was bist du dann?
Läufer in der Steppe,
der Angst hat vor Löwen,
oder Farn im Karbon,
der bei Inger Christensen
über Dunkel grübelt.
Du bist das Reptil
in der Abendsonne
vor menschenleerer Landschaft.
Das Etwas mit Kiemen,
das eben noch eine Zelle war
und vom Blitz getroffen
wurde des Lebens –
und zack – das muss Urlaub sein.
Nur noch einen Schritt entfernt,
wieder Mineral zu werden
und dann nichts
in einem Universum
uralter Legenden. So wird es enden,
wir sind an Bord
und kein Animateur
nötigt uns zur Infantilität
am Pool. Weißt du noch?
Wir sind auserwählt.

Der Spalt

Vorm Fahrradschuppen silberne Schneckensignaturen,
unter dem Baum liegt ein nacktes totes Vogelküken.
Konfuser Traum, morgens vergessen bis auf Verwirrung,
säumiger Zug und der Geist steht, nur Körper altern.
Einer blättert in der Zeitung, ein anderer im Nichts.

Ein Kind sagt, das Küken wird Erde, auch die Menschen.
Die Nacht war lang, und Schnecken langsam. Traum hier,
Chaos dort, der Spalt dazwischen ein Tag. Gedanken
kommen und bringen etwas, nehmen etwas. Was du willst,
hast du. Unterm Fingernagel Erde, Erde unterm Schuh.

Bundespressekonferenz

Ein Mann saß auf dem Boulevard
Unter den Linden im Staub und aß
frittiertes Huhn aus der Zeitung,
sein Gesicht aufgedunsen

von Spirituosen, ganz versunken
in sein Tun, die knusprigen Schenkel
und Flügel auf den Artikeln zu vertilgen.
Viel Volk eilte vorbei. Er aber war

im Moment in bester Gesellschaft
und absolut eins mit dem Aas.
Jeder muss sich selbst erniedrigen
in diesem Leben. Was für ein Genuss.

Geschmacklos

Nach der Lesung in der Heide fahren wir zur
Gedenkstätte, wir sehen einen Film über die
Befreiung des Lagers Bergen-Belsen.
Haufen ausgemergelter

Leichname werden von Bulldozern in Gruben
geschoben. Beim Rausgehen tuschelt ein Mann
zur Gattin: »Man kann den Deutschen
nicht alle Schuld geben.«

Im Hotel hört eine Frau mit, dass wir Künstler
sind. Sie schlägt auf ihr Frühstücksei ein:
»Sie müssen sich hochhungern.« Pellen,
salzen. »Hochhungern!«

Notiz an das Neugeborene

Verzeih, wenn du kommst, wie es
hier aussieht, leblose Information
fliegt überall rum: Klimawandel,

Endlager, Menschenjagden ... Alles
stapelt sich, Massakernachrichten,
Tsunamis brechen durchs Wohnzimmer,

Tumulte in Massen. Wir wissen genau,
was uns einst stürzen lassen wird.
Sei dabei. Es geht vorüber. Verzeih.

Gesellschaftsvertrag

Leben Sie nicht einfach weiter bei Schäden
durch Kernenergie, bei stumpf
einwirkender Gewalt, bei Blitz-
schlag oder Raub und Unterschlagung.
Achten Sie auf Kriegsereignisse
jeder Art, Bürgerkrieg, innere Unruhen,
Aussperrung oder mut- und böswillige
Ereignisse. Machen Sie etwas auf
eigene Gefahr bei Veranstaltungen
mit Volkscharakter, bei vorsätzlicher
oder grob fahrlässiger Berichterstattung,
bei defekten Erklärungen oder plumpen
Manipulationen an der Gesellschaft.
Gehen Sie in Deckung bei Rückschritten
gegenüber Sokrates, Bismarck und evtl.
dem Grundgesetz. Der Garantiefall tritt nie ein,
auch nicht, wenn die Verfassung es schriftlich
zugesichert hat oder wenn jemand durch
Engagement in Mitleidenschaft gezogen ist
oder Weisungen nicht beachtet bzw.
verstanden wurden. Achten Sie darauf,
dass Produktivität zumindest zeitweilig zur
gewerbsmäßigen Belustigung dient.
Sollte ein Teil des Lebens ungültig sein,
so ist dadurch nicht die Geltung des
gesamten Daseins in Mitleidenschaft
gezogen. Leben Sie weiter, wenn Sie
mögen. Dies gilt nicht, wenn Sie das
Vertrauen als Lebewesen arglistig verletzen.

Der Begriff Angst

Es ist schon einmal geschehen.
Deshalb kann es wieder geschehen,
sagt Kierkegaard.
Andere wissen das über uns.
Blut, Öl, Spinnen, Musik
aus Psycho. Wir könnten frei sein.
Allmählich sterben
und frei sein.
Einmal schwamm ich raus
zur Badeplattform
mit all meinem Mut
und Gänsehaut.
Erst türkises Wasser überm Sand,
dann Seegras, dann schwarzes
Wasser voller Tiefe.
Nur Tiefe und ein paar Quallen.
Fröstelnd auf dem Refugium
sah ich zum Ufer.
Zwei dicke Jungs hievten sich
auf die Badeinsel.
Prustend legten sie sich in die Sonne.
Ich nahm mir ein Herz, Søren,
und sprang zurück ins kalte Wasser.

III. Der reinste Zoo

Fluchttiere

Als ich noch ein Mensch war mit allem
Drum und Dran, konnte ich nichts anfangen

mit Pferden, ich sah sie grasen auf den Weiden
oder Menschen tragen – mein Unverständnis

galt der Tatsache, dass ich gegen mein Wissen
eine Liebe für Pferde empfunden haben musste,

die sich aber nie äußerte, nie erklärt wurde.
Es schien mir einfach nur schön zu sein,

ohne Erinnerung zu lieben. Das Gras.
Jetzt, da ich ein Pferd bin, solange

ich an einem Gatter stehe, vergesse ich,
vergesse alles, was ich über Menschen weiß.

Stay tuned

Das Einzige, was zählt
im Leben,
ist der Beginn des Lebens,
alles andere ist
Zeitschleife
und Abwasch,
für manche
außerdem Erfolg
oder Sprachgewandtheit.
Wann es beginnt,
ist vollkommen offen –
für die einen mit Befruchtung,
für andere
während die Wagen
sich ineinander verkeilen.
Warte nicht
auf das eine oder andere:
Du wirst abgeholt.
Im Strampler oder
in der durchgesessenen
grauen Lieblingshose,
die langsam
für diese Welt
zu eng wird.

Hegels Apfel

Einmal im Leben hatte ich die Kraft dazu
und teilte einen Apfel mit den Händen,
Daumen in die Mulde am Stiel, den Balg
drehen und drücken, einatmen, das Fruchtfleisch

bebt und bricht knisternd in feuchte zartgelbe
Hälften. Leib und Seele, kein Problem,
ich hatte zwei perfekte Substanzen,
die besser schmeckten als das Ganze.

Rudel

Mein Bruder Hund machte sein Bett
sehr sorgfältig aus einer Badematte.
Wenn er müde wurde, nahm er sie
zwischen die täppischen Pfoten,
die auf einmal geschickt wirkten,
drehte und stopfte, bis der rosa
Fetzen bequem lag. Und ganz so,
als würde er Knochen aus Seufzern
gewissenhaft im Garten vergraben,
ließ er sich selig darauf nieder.

Wie rasch er an mir vorbeialterte,
kleiner Bruder, bis zuletzt ungebrochen
aufmerksam bei der Ausrichtung
seiner Gebeine vorm Zubettgehen.
Kaum erwacht, mischte er eifrig mit
in der Sippe, ganz unten in diesem
Gebilde von Irrtum und Ordnung.
Was immer wir zu verbergen hatten,
er spürte es auf noch im letzten
Winkel, verscharrt in den Rabatten.

Dienst im Hölderlinturm

Allen Verrückten, die ich kenne,
wird immer wieder gesagt,
was heißt schon normal,
wenn die Leute, sich
und ihresgleichen meinen.

Wenn ihr es nicht wisst –
der Blick derer, denen zu fest
auf den Hinterkopf geschlagen wurde
oder die falsch eingestellt sind,
sagt es schon ganz gut,

die Sprache ist tot,
wir müssen darin leben.

Lektor

Ich werde gelebt, wie Bücher
gelesen werden, von mir auf
Fehler gelebt, damit ich am
Ende den Regeln entspreche,
die ich breche. Das heißt,
meine Geschichte muss
beginnen und meine Seele
muss leicht sein wie schwere
Themen. Ich wurde geboren ohne
Begriffe, damit ich am Ende
sagen kann: Was für ein Leben.
Ich gebe mein Wort darauf.

Intuition

Du identifizierst dich nicht mit dir selbst,
sie liebt dich.

Du identifizierst dich mit dir selbst,
sie hintergeht dich.

Du identifizierst dich mit ihr,
sie verlässt dich.

Palliativ

Viele der Nachtfalter fliegen bei Tag,
und die Menschen wachsen im Schlaf,
wird Kindern erzählt. Sieben Stunden
ohne Furcht vor Krankheiten. Die Falter
verdanken den Namen ihrem Äußeren,
dunkel, unnahbar. Deine Verletzungen
sehe ich nur bei Tageslicht. Du sagst:
Komme doch einer, der Feuer hat und
Motten verbrennt und das Leben bis heute.
Zeit, die Fenster der Fiktionen zu schließen.
In manchen Nächten spüre ich, wie du dich
weit ausdehnst, unermesslich groß wirst
und lebst. Da, der Schlaf. Er kommt.

Ernste Liebe

Haut war deine und meine Haut
und wir haben uns ausgeschwitzt.

Ich spüre noch, wie du dich
anfühlst, und ich fehle mir.

Requiem

Einmal rief Thomas Kling mich an, als ich in Berlin lebte,
auf Zeit in einem Raum mit aufblasbarem Bett
und Telefon, zweiter Hinterhof, lebendig begraben.
Keine Ahnung, woher er die Nummer hatte. Mensch,
ich muss mit dir reden, dröhnte der Meister. Und redete.
Ich nickte, ein Kind, das magisch denkt.

Er war es leibhaftig, ich kannte die Stimme –
ich hatte ihn einmal lesen erlebt: Er saß beim Buchhändler
verdeckt von einem Stapel Wälzer am Verkaufstisch
und skandierte mit Verve seine Verse.
Immer wieder drehte er die Augen auf Weiß.
Nach einer Stunde fuhr er hoch: Alles Ärsche, zischte er,

die verstehen mich nicht. Und hatte Recht.
Ich kam nicht dazu, irgendwas zu sagen
oder zu fragen, wie es ihm geht, wo er ist. Kling:
Ich beobachte, was du so machst. Dann legte er auf.
So schweigt er, wie er spricht mit Menschenstimme.
Was hatte er gesagt? Nimm deine Zunge und geh.

Mutterwitz

Das erstgeborene Kind gleicht
nach der Geburt kurz dem Vater,
damit er es annimmt und nicht totschlägt
und bei der Familie bleibt.

Trotzdem sterben wir. Jeder für sich
wird aus dem Schlaf gerissen,
arbeitet. Die Frau stillt das Kind.
Der Mann sieht sich ähnlich. Er stört.

Die folgenden Kinder stehen für sich
von Anfang an. Was wir Liebe nennen,
sprengt die Gefühle. Wir sind wild.
Das ist eine Form von Verstand.

Tut das Unnütze, singt die Lieder

Sand im Getriebe
kann man sich so
vorstellen: Geld
im Portemonnaie,
Attentate auf CNN,
schwanger in der 12.
Woche, Binnenreim
im Gedicht, Lächeln
in deinem Gesicht.
Mehr Glück als Verstand,
was keiner erwartet
aus harmlosem Mund.

Schreibende soll man nicht aufhalten

An meinen ersten Unfall erinnert
nichts, ich lag auf der Straße
und alle beugten sich über mich,
um zu sehen, was mit mir los war.
Ich lag nur da.
Wir wollten gerade in Urlaub fahren,
und ich rannte meinen Brüdern nach
über die Straße, ohne zu schauen.
Meine Mutter verfolgte das Ganze
vom Küchenfenster aus. Sie sah,
wie ich flog und wie ich aufschlug.
Mir fehlte nichts, eine dicke Mütze
schützte meinen Kopf, der Mantel
den Körper. Ich lag einfach da,
irritiert von so viel Interesse.
Hinüber auf die andere Seite:
Ich hatte es nicht geschafft.

Evolution II

Jede Geschichte hat
einen Anfang,
aber sie beginnt nicht,
dafür haben wir sie schon
zu oft gehört.

Schocktherapie

Großmutter sagte immer wieder:
Ich will sterben. Oder: Ich wünschte,
ich wär tot. Das lässt sich machen,
sagte ich und schob sie
im Rollstuhl auf den Teich zu
immer schneller und dichter,
bis sie kreischend um Gnade bat,
ganz außer Atem, sie und ich,
als wir am Wasser standen
und lachend den Enten zusahen,
die gierig auf uns zuschwammen,
aber wir hatten an diesem Tag
nichts zu verschenken.

Entropie mit Trauerflor

Es geht wieder abwärts, sagt die Statistik, aber was sagen
die Würfel? Die Mehrheit ist zu optimistisch:
Die Menschen erwarten mehr positive Erlebnisse für sich
als für den Durchschnitt. Ein Gesetz sagt, dass Energie
im Ideal nicht verloren geht. Trotzdem wächst die Angst
abzusteigen, auch das sagen die Statistiken. Künftig
wird man mehr Leute mit Zahnlücken sehen,
durch die kalt der Wind pfeift. Viele streichen den Flug
in den Urlaub, andere essen nur noch Billigfleisch
und wandeln es um in schiere Körperwärme.
Wer führt eigentlich durchs Inferno, wenn nicht Vergil?
Singen kostet nichts und steigert die Abwehrkräfte,
stand in der Apothekenzeitschrift. Aber Lebenszeit ist
nicht regenerierbar. Zum Glück. Die Auguren wissen,
glücklich ist nur, wer sich selbst dafür hält. Der Rest
sind Mutmaßungen. Über den einen ist nichts bekannt,
weil er beim Sport ist, der andere malocht bis um acht,
einer pflegt zu Hause ein krankes Kind. Schicksal
findet seinen Weg. Fangen wir mit der Hauptsache an.

Biomasse

Als Kind hatte ich Mäuse, sie standen für nichts,
in ihren Augen war keine Freude,
die konnten rennen, bis das Hamsterrad glühte.
Ich erinnere mich trotzdem an sie,
an meiner Kleidung hing noch lange danach
ein scharfer Geruch – ein Umhang,
der mich isolierte, weil ich Schädlinge beherbergte.
So wie die Tierchen nur nachts
aus der Streu krochen, blieb ich ihnen treu
aus keinem besonderen Grund.
Nicht weil sie überall ihre kleinen Pillen hingemacht
oder alles angenagt haben.
Im Zweifel nur, weil ich sie hatte.
Manchmal hockten sie sich hin, schnupperten
mit bebenden Nasen und hielten
ihre Pfoten vor die Brust, als ob sie etwas Winziges
darböten. Oder erflehten. Schwer,
Nager zu verstehen. Und nie waren sie eine Hilfe.

Mutabor

Das Erbgut von Mensch
und Schimpanse
gleicht sich bis auf
ein paar Prozente.
Wenn ich daran denke,
dass ich zu 99 Prozent
entlassen bin und
zu einem noch in der
Anstalt sitze,
werde ich verrückt.
Nachts hört man die Leute
brüllen. Das ist der
reinste Zoo hier.
Sie müssen mir glauben.
Ich bin fast Mensch.

Zwei zu eins

Zwei Drittel der Männer, las ich,
bauen keine Beziehung auf
zu ihren Kindern. Nie merken sie sich
den Namen der gerade besten Freunde,
wissen nicht, dass das Kind
Gurken nur geschält, aber
Äpfel mit Schale mag
(manchmal nur die Schale).
Sie wissen nicht, woher diese Kinder
kommen, die plötzlich und laut
aus dem Geschrei der Frau
aufgetaucht sind. Sie
wissen nicht, dass eine Frau
derart laut sein kann,
als brüllte sie ein sehr altes Leid
in die Welt. Ihre Welt,
in der Chaos herrscht, ohne Rendite
und ohne Wochenende.
Und wenn diese Kinder spielen
mit ihrem eigenen Mittelpunkt
oder sich eingerollt haben
in ein großes Einverständnis
und endlich schlafen
und die Väter das sehen,
dann öffnet sich ein Spalt,
in den Männer stürzten,
wenn sie nicht wie wild
an ihren Vätern hingen.
Und alle Kinder sagen: Lass los.

Fische in Lissabon

Die Stadt redet nur über dich, nicht über die Welt.
Im Hotel gehen nachts Zungen über die Flure
und zischeln in jedes Schlüsselloch:
Willst du glücklich sein oder Recht haben?
Es gibt nur ein Licht in dieser Stadt, aber es
zerbricht in Tausend Signale. Das Blau
unten am Fluss und das Silber der Fische,
groß wie Schenkel, die als gewaltiger Schwarm
vor dem Abwasserrohr drängen und Dreck
vertilgen. Du siehst und nutzt die Stadt
und hast alles, aber es ist nicht deins.
Das macht es leicht, zu sehen, wie kaputt
das Schöne ist. Da stehen Leute und flüstern
dir Drogen ins Ohr, die du im Moment
nicht brauchst. Die Bahn kreischt um die Ecke,
einer kreischt nach Geld. Prachtbauten
und Ruinen zeigen: Die einen wissen nicht
und die anderen sagen nicht, was ist.
Du strandest in einem Restaurant.
Erst als du etwas Saures schmeckst, siehst du
die halbverdaute Sardine in dem Pulpo,
die du mitverzehrst. Du sehnst dich nach Größe
und machst dich klein, um Fisch zu sein im Schwarm.

Lebt wohl

Alles Leben ist Leiden, sagt Buddha,
aber das ist nicht das Problem.
Nur wer sich gegen die Erfahrung
wehrt, wird sie ewig wiederholen.
Patanjali, jene Schlange, die Schüler
wurde, schreibt, zukünftiges Leid
soll vermieden werden. Also Leben.
Das ist keine Drohung, es tröstet
über Pein hinweg, die unvermeidlich
ist. Geburt war da, schmerzende
Glieder und die ewige Ungewissheit:
Ist das wirklich alles? Ja, sagt die
Kassiererin: Was muss, das muss.
Was nicht mehr muss, erfährst du
früh genug. Es wird ein normaler
Montag oder Mittwoch sein, du wachst
auf und hast vergessen, wer Buddha
ist, wer Weiser, wer Idiot. Du gehst
zur Arbeit und warst schon immer
frei, bist nie wiedergeboren und
hast nichts verloren, was dir gehört.

Inkarnation

In diesem Gedicht wird kein Fleisch gegessen.
Dieses Gedicht ist nicht animalisch, es besteht
aus Luftgespinst und Liebe, und stirbt es einmal,
wird es, ohne zu stinken, aus dem Buch rieseln.
Dieses Gedicht tötet kein Lebewesen, niemand
soll sagen: Der Täter war ein so freundlicher
Familienmensch! Es emittiert kein CO_2 und leistet
keine Kompensation, es fliegt nicht nach Fuerte
und sagt »Scheiß drauf!«, weil irgendwo Koniferen
dafür gepflanzt werden. Ab und zu ritzt es sich
mit Realität, um sich zu spüren. Licht dringt ein.
Es blutet nicht, es lebt vorzüglich von Substanz.
Das Gedicht rettet. Genießen Sie's. Schlucken Sie
nicht alles. Und verschonen Sie Ihre Liebsten.

Beifahrer

Was, wenn die Liebe
ein überfahrener Hund
ist, sagst du, was,
wenn dieses Sterben
jemandes Geburt ist?
Was, wenn wir einfach
falsche und zu viele
Fragen stellen? Wie
hart, wie tief, wie sehr?
Wenn das Gunst ist,
blutet sie aus den Ohren
und ihre Zunge ist rot
und lang und zuckt.
Das muss Liebe sein.

Dies von Brecht. Das von Marx

Dies ist voll. Das ist voll.
Und auch wenn diese Fülle
aus der Fülle kam,
ist alles, was bleibt, Fülle selbst.

Ich schaffe schon keine Werke mehr.
Mich beschäftigt die Frage, werde ich
heute entlassen oder morgen, nur noch

in schwachen Momenten. Wer in Dramen denkt,
lädt die Tragödie selbst ein. Für Sparer
als Inflation, für Nationalisten als Migration,

für Dichter und Denker als Demenz.
Was es auch sei – es murmelt, redet, rast,
irgendwann kreischt es, sagt aber nichts.

Nichts vom Herbst, der kommt,
vom Geruch überreifen Obstes,
von Pfirsichen, die als glühendes Erz

in den Abend fallen. Es ist gut, Unheil
gelassen zu erwarten. Stell eine Schale
Milch vor die Tür. Es kommt ohnehin,

trinkt sie aus oder zündet das Haus an.
Dann geht es wieder. Noch zu entkräften:
»Keiner wird reich, ohne andere auszubeuten.«

Ideen

Bist du auf Fang aus,
zögert das Wasser,
es duckt sich
still über dem Grund.

Als Köder im Mund
deine Zunge
beweglicher Wurm, was anbeißt,
bewahrt ihn
vor dem Ertrinken.

Keine Regung soll
dich verraten.
Was nicht für deine Augen
vorgesehen ist,
vergisst irgendwann,
dass du lauerst.

Dann überbringt sich
die Nachricht,
ein kurzer Stich beim Schlucken.
Um des Wassers willen
spuck sie aus.

Inhalt

III. Der reinste Zoo